ANTIQUITÉS

D'HERCULANUM.

DE L'IMPRIMERIE DE LEBLANC.

ANTIQUITÉS D'HERCULANUM,

GRAVÉES

PAR Th. PIROLI,

ET PUBLIÉES

PAR F. et P. PIRANESI, FRÈRES.

~~~~~~~~~~~~~~~~~~~~~~~~~~~~~~

TÔME PREMIER.

PEINTURES.

~~~~~~~~~~~~~~~~~~~~~~~~~~~~~~

À PARIS,

CHEZ {
PIRANESI, Frères, place du Tribunat, n.º 1354;
LEBLANC, Imprimeur-Libraire, place et maison Abbatiale S.t-Germain-des-Prés, n.º 1121.

AN XII. = 1804.

À SON EXCELLENCE

LE C.^{EN} CHAPTAL,

MINISTRE DE L'INTÉRIEUR.

CITOYEN MINISTRE,

LES ANTIQUITÉS D'HERCULANUM ont offert une source féconde de richesses aux arts et aux manufactures. En dédiant cette Édition à leur illustre Protecteur, nous lui offrons un faible hommage de notre reconnaissance, et regardons comme une nouvelle faveur l'accueil dont il l'honore.

Nous avons l'honneur d'être, avec le plus profond respect,

DE VOTRE EXCELLENCE,

Les très-humbles et très-obéissans serviteurs,

Th. PIROLI, GRAVEUR.

F. ET P. PIRANESI, ÉDITEURS.

AVERTISSEMENT

DES ÉDITEURS.

En offrant au Public cette nouvelle Edition des *Antiquités d'Herculanum*, nous avons eu pour but de mettre cette riche Collection à portée d'un grand nombre d'amateurs et d'artistes, et de suppléer en quelque sorte à la grande Edition in-folio de Naples, assez rare et très-dispendieuse. La gravure, exécutée à l'eau-forte par Thomas Piroli, conserve par-tout la.grâce, l'esprit et le sentiment des productions originales. Chaque planche est accompagnée d'une page de texte, qui indique le lieu et l'époque des découvertes, la dimension du sujet, les traits mythologiques qui s'y rapportent, et l'opinion qui paraît la plus admissible sur son explication.

Depuis que l'Ouvrage des *Antiquités d'Herculanum* a paru, les Antiquaires les plus distingués ont fixé leurs regards sur cette magnifique réunion de monumens de toute espèce : ils en ont fait l'objet de leurs études et de leurs recherches, et quelquefois ils ont découvert ce qui avait échappé aux premiers commentateurs. Le texte ajouté à l'édition romaine n'était qu'un extrait de celui des Académiciens d'*Herculanum;* nous avons pensé que les acquéreurs de cette nouvelle Edition ne nous sauraient pas mauvais gré de les faire jouir des avantages que le temps fournit pour l'explication des Antiques; nous avons en conséquence inséré dans le texte quelques opinions qui nous ont paru préférables aux premières, et nous nous sommes empressés de corriger quelques équivoques qui s'étaient glissées dans le texte de l'édition romaine. On peut donc considérer cet Ouvrage comme devant être une source d'agrément pour l'amateur et d'instruction pour l'artiste : c'est, en effet, une mine inépuisable à exploiter; un sentiment exquis, une grâce enchanteresse, un style noble et pur, offrent, dans tous ces précieux restes, des modèles à suivre, soit que nous nous arrêtions à ces peintures délicieuses qui retracent les scènes agréables de la vie privée ou des faits héroïques, qui présentent, sous mille formes variées, les Divinités présidant aux sciences, aux arts, aux jeux naïfs de l'enfance, etc., soit que nous considérions ces ustensiles admirables par leurs formes et leurs ornemens, ou bien ces bronzes curieux, objets du culte public ou familier : toute cette Collection renferme un intérêt particulier pour les arts relatifs à la décoration, et qui savent embellir jusqu'aux objets appliqués aux usages les plus simples. Le goût qui s'est répandu parmi les artistes qui dirigent nos fabriques et nos manufactures ; la perfection apportée dans l'exécution de leurs travaux, rendent les étrangers tributaires de l'industrie nationale : et nous croirons avoir atteint un but utile, en lui fournissant des alimens.

Cette Edition offre un 6.ᵉ volume, qui n'a point encore été publié par l'Auteur.

Le 1.ᵉʳ, le 2.ᵉ et le 3.ᵉ volumes contiennent les Peintures.

Le 4.ᵉ, les Bustes et Bas-reliefs en bronze;

Le 5.ᵉ, les Statues en bronze ;

Et le 6.ᵉ, les Lampes et Candelâbres.

ΑΛΕΞΑΝΔΡΣ
ΑΘΗΝΑΙΟΣ ΛΗΤΩ ΝΙΟΒΗ ΦΟΙΒΗ
ΕΤΡΑΦΕΝ

ΑΓΛΑΙΗ

ΙΛΕΑΙΡΑ

Cul. uno   Rom.

PLANCHE I.

Cette peinture est sur marbre et d'une seule couleur; on l'appelle par cette raison *monochrome*. On en trouva quatre de cette espèce; celle-ci, découverte dans les fouilles de Résine le 24 mai 1736, a le mérite très-rare d'offrir le nom du peintre et des figures. Dans l'inscription grecque, *Alexandre Athénien peignait*, nous trouvons le nom et la patrie de l'artiste; et, par la forme des caractères, nous pouvons juger qu'il a fleuri à la plus belle époque des arts. Les noms de *Latone* et de *Niobé*, ceux de *Phœbé*, d'*Hileaira* et d'*Aglaé*, la plus jeune des Grâces, sont connus dans la Mythologie.

Trois des personnages paraissent converser; les deux autres, dans des attitudes pleines de grâce, jouent aux osselets, nommés astragales chez les Grecs, et *tali* chez les Latins.

1.ᵉʳ Sujet. — Hauteur, 1 P. 3 p.° — Largeur, 1 P. 1 p.° 9 lig.
2ᵉ. Sujet. — Hauteur, 4 p.° — Largeur, 1 P. 1 p.° 9 lig.

PLANCHE II.

Dans ce second *monochrome*, un héros, dont l'attitude est aussi fière qu'animée, attaque un Centaure à l'instant où il porte la main sur une jeune princesse qui le repousse avec frayeur. On croit y reconnaître *Hippodamie*, épouse de *Pirithoüs*, que le centaure *Euritus* voulait ravir, mais à qui Thésée ou quelque autre héros donna la mort pour venger cet attentat. Ce fut la cause de la fameuse guerre des Centaures et des Lapithes, si bien décrite par Ovide (*Métam. XII,* 210 *et suiv.*).

Ce marbre peint, d'une belle conservation, fut trouvé, ainsi que les deux suivans, dans les fouilles de Résine, le 24 mai 1749.

Hauteur, 11 p.º 6 lig. — Largeur, 1 P. 4 p.º 4 lig.

Tome I. Peint.

Pal. uno. Rom.

PLANCHE III.

CETTE peinture a tellement souffert des outrages du temps, qu'à peine en retrouve-t-on les contours. Cet accident ne contribue pas peu à en rendre l'explication difficile. On peut y voir l'une des aventures de Neptune, quand *Rhéa* trompa en sa faveur la voracité de *Saturne,* ou l'enfantement secret de *Cérès* qui donna le jour à la déesse *Regina* et au cheval *Arion,* ou peut-être mieux l'éducation d'*Achille,* suivant Homère; on retrouverait alors dans le vieillard à demi-nud, et en partie couvert d'une peau, *Phœnix,* accompagné de la nourrice. L'autel témoignerait le sentiment religieux qu'il inspire à son élève, et la femme majestueuse qui tient un poulain par la bride serait le symbole de la *Région de Phtie,* renommée par ses excellens chevaux, et dans laquelle Achille prit naissance.

Hauteur, 11 p.° — Largeur, 1 P. 3 p.° 9 lig.

Pal. ona   Rom.

PLANCHE IV.

CETTE peinture semble nous offrir la représentation de quelque scène tragique. On y voit trois figures dont les masques et les gestes expriment la douleur et les larmes ; elles portent des habillemens longs, rayés en travers, qui leur descendent jusqu'aux pieds, et couvrent une partie de leur chaussure. Si les traits n'étaient pas chargés, et si dans la première figure on ne distinguait pas visiblement la bouche à travers le masque, on pourrait croire que ce sont trois *pleureuses*, telles que les Antiquaires en ont reconnu dans plusieurs monumens ; mais aucune autorité ne permet de croire que ces sortes de femmes se servissent de masques dans les cérémonies funèbres, où leur caractère était d'exprimer au vrai sur leurs visages la tristesse et le désespoir.

Hauteur ; 11 p.º 6 lig. — Largeur, 1 P. 4 p.º 9 lig.

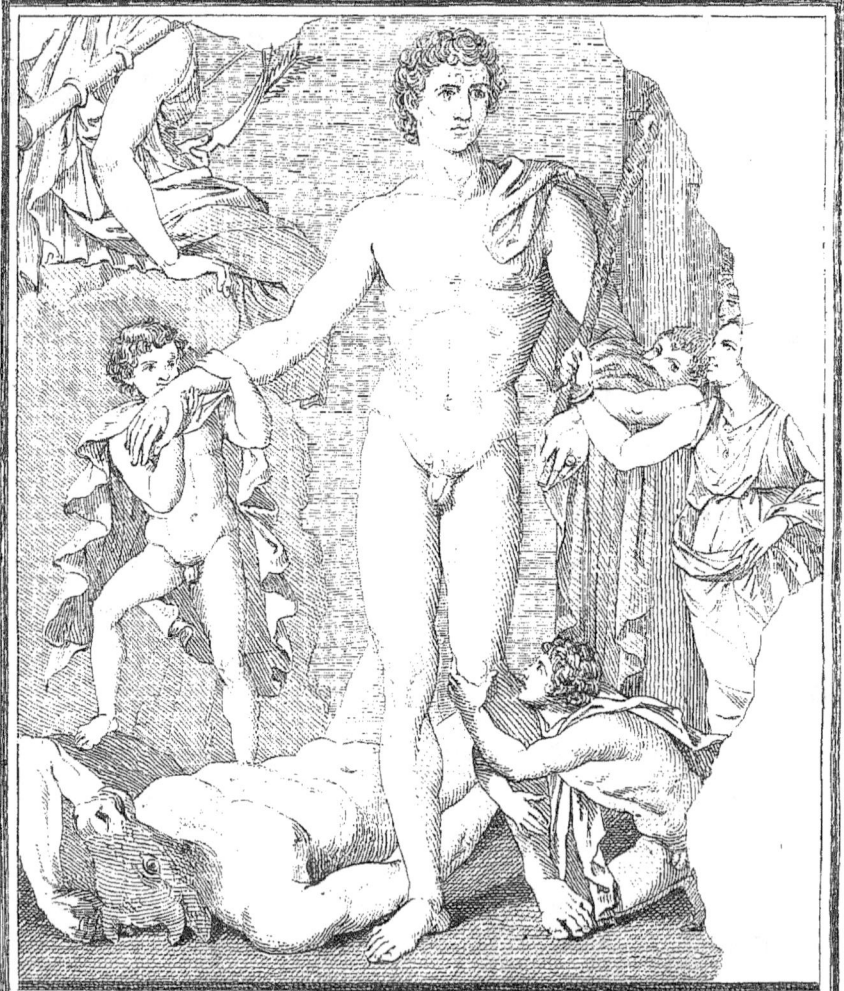

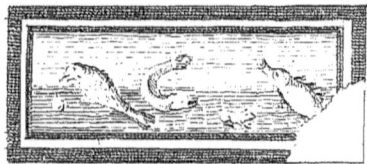

Pal. uno ⊢————⊣ Rom.

PLANCHE V.

CE fragment, l'un des plus grands de la collection, représente *Thésée* en Crète. Le héros est nu et d'une taille gigantesque; de sa main gauche, où l'on remarque un anneau, il porte sa massue pleine de nœuds. On voit autour de lui, dans des attitudes variées, pleines de grâce et d'expression, les jeunes Athéniens et les jeunes filles sortant de la porte du labyrinthe. A ses pieds est étendu le *Minotaure* couvert de blessures; on le voit ici, comme dans d'autres monumens antiques, avec la tête de *Taureau,* et le reste du corps conservant la forme humaine. La Déesse assise sur un rocher, le carquois sur l'épaule et l'arc à la main, est *Dyctinna,* ou la Diane Crétoise, placée ici pour mieux déterminer la contrée où se passe la scène.

Cette peinture, avec plusieurs autres, se trouvait dans une grande salle qu'on prit d'abord pour un temple. On en fit la découverte dans les fouilles de Résine, en 1739.

1.er SUJET. — Hauteur, 5 P. 3 p.º — Largeur, 4 P. 4 p.º
2 AUTRES. — Hauteur, 10 p.º — Largeur, 1 P. 11 p.º

Tome I. PEINT.

PLANCHE VI.

L'EXPLICATION la plus raisonnable qu'on puisse donner à cette peinture, est qu'elle représente *Hercule* et son fils *Télèphe*, fruit d'un commerce clandestin avec *Augé*, fille d'*Alée*, roi d'Arcadie, et qui fut nourri par une biche. La belle figure de femme assise, couronnée de fleurs, ayant à ses côtés une corbeille de fruits, et tenant un long bâton rustique, peut personnifier l'*Arcadie* et le mont *Parthenius*, sur lequel *Télèphe* fut exposé, ou représenter la déesse *Tellus*, nourrice des enfans; ce que semble indiquer plus particulièrement le *lion* pacifique qui est à ses pieds; derrière elle est le dieu *Pan* avec sa flûte à sept tuyaux et le *pedum*; à côté d'Hercule, on voit une Divinité avec des aîles, une couronne d'olivier et des épis dans la main gauche. Ce pourrait être *Cérès* ou la *Providence* qui montre l'enfant au héros, en lui indiquant, dans l'aigle, l'emblême de sa postérité.

Cette peinture fait le pendant de la précédente; elle est du même style, et fut trouvée dans les fouilles de Résine avec le *Thésée*.

Hauteur, 6 P. 3 p.° — Largeur, 4 P. 7 p.°

Tome I. PEINT.

Per uno   Rom

PLANCHE VII.

Cette fresque, admirable dans toutes ses parties, représente le premier des travaux d'*Hercule*, quand, encore au berceau, il étouffe les deux serpens suscités par *Junon* pour le faire périr. Le mouvement d'*Alcmène* exprime avec vivacité toute la terreur dont elle est pénétrée. D'un côté, on voit *Amphytrion* avec le sceptre, comme un des princes d'Argos, et portant la main à l'épée pour chasser les serpens, suivant la belle description que Théocrite nous a laissée de cet événement ; de l'autre côté, un pédagogue tient dans ses bras *Iphiclus* effrayé, bien différent de l'intrépide enfant. Pline, en nous donnant la description d'une semblable peinture de *Zeuxis,* pourrait faire soupçonner que celle-ci en est l'imitation. On doit faire attention au costume barbare dont le peintre a revêtu le pédagogue; ce costume est convenable à la condition d'esclave, d'où étaient ordinairement tirés les pédagogues aux temps héroïques. *Hercule* porte un collier, parure qui était en usage parmi les enfans de distinction.

L'ornement qui est au bas est indépendant du sujet.

1.ᵉʳ Sujet. — Hauteur, 3 P. 11 p.º — Largeur, 3 P. 9 p.º
2.ᵉ Sujet. — Hauteur, 1 P. 2 p.º 4 lig. — Largeur, 3 P. 9 p.º

Tome I. Peint.

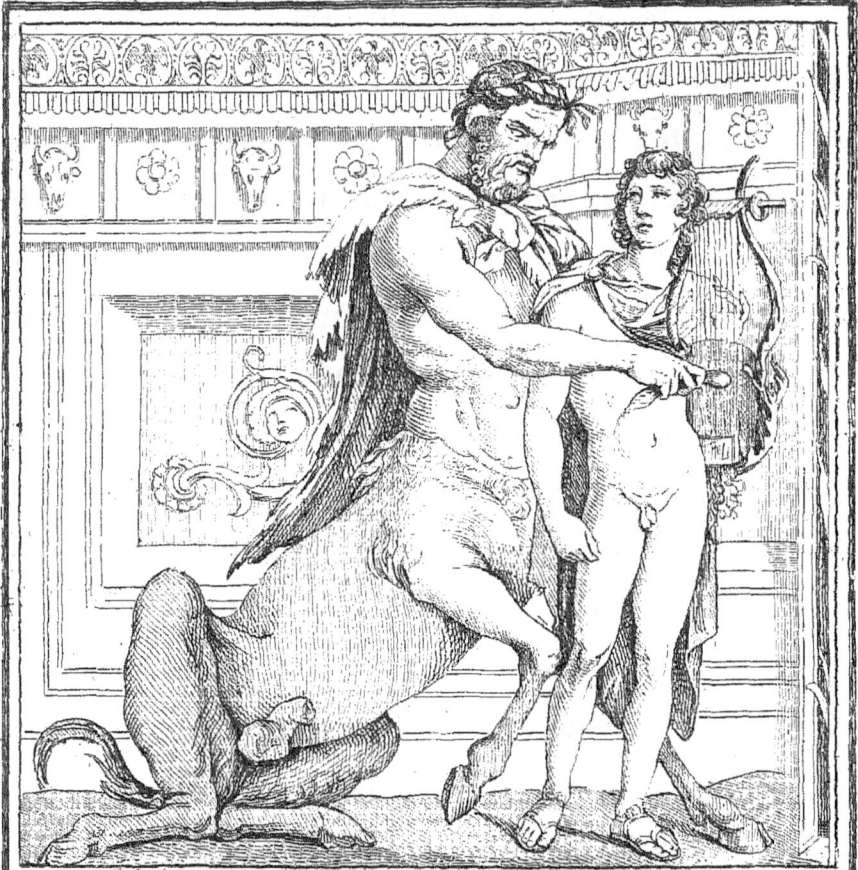

Pal. tre   Rom.

PLANCHE VIII.

CETTE excellente peinture représente le jeune *Achille* apprenant du centaure *Chiron* à toucher de la lyre : tout y est digne d'attention; l'attitude du Centaure ainsi décrite par Stace ; la peau qui le couvre comme le premier chasseur, ou comme suivant de *Bacchus* ; l'herbe dont il est couronné qui n'est point le lierre, ornement ordinaire des Centaures, mais qui paraît être l'une des herbes auxquelles il a donné son nom, et décrites par Pline ; enfin, l'archet qui se distingue des formes les plus connues. La chaussure d'Achille s'accorde mal peut-être avec la nudité du héros *aux pieds légers;* mais rien n'est mieux saisi que le geste des doigts en devoir de toucher les cordes de la lyre ; on admire sur-tout la tête du Centaure et les formes gracieuses et délicates d'Achille. L'architecture, qui fait le fond du tableau, ne correspond point à la perfection des figures. Cette peinture fut trouvée avec la suivante, à Résine, en 1739.

Dans les deux ronds sont représentés deux ministres de *Bacchus.* Le premier porte d'une main un flambeau, et de l'autre un instrument qui paraît propre à l'attiser; le second porte un ruban et un tyrse.

1.er SUJET. — Hauteur, 3 P. 11 p.° — Largeur, 3 P. 9 p°.

2 RONDS. — Diamètre de chacun, 1 P. 4 p°.

Pal. duc   Rom.

PLANCHE IX.

Parmi les beaux ouvrages du célèbre Polygnote, Pausanias parle d'une figure du satyre *Marsias* assis sur un rocher, et enseignant au jeune *Olympe* à jouer de la flûte; c'est le même sujet que l'artiste a rendu ici avec tant d'habileté. La grâce et la beauté du jeune Olympe forment une heureuse opposition avec la robuste virilité de Marsias; l'air de tête de ce dernier et l'expression générale du tableau montrent assez que l'artiste a voulu en faire le pendant de celui qui précède, *Chiron* et *Achille*. Les ornemens d'architecture qui couvrent le fond de chaque tableau indiquent que ces deux groupes étaient placés dans la même salle, et faisaient partie de sa décoration.

L'ornement qui est au bas n'a aucune relation avec le sujet.

1.er Sujet. — Hauteur, 3 P. 7 p.° — Largeur, 3 P. 5 p.° 6 lig.
2.e Sujet. — Hauteur, 1 P. — Largeur, 3 P. 5 p.° 6 lig.

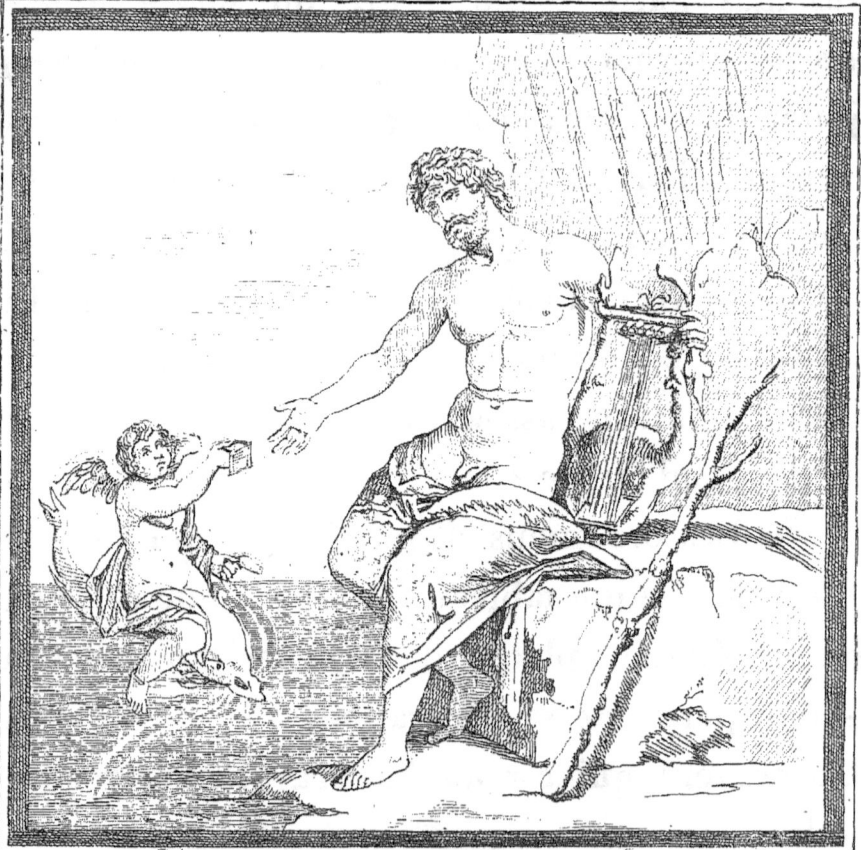

Pal. uno   Rom.

PLANCHE X.

Oɴ ne peut s'empêcher de reconnaître ici le cyclope *Polyphême*, célèbre par son amour pour *Galatée*, et par les dédains que lui fit essuyer sa difformité; mais le peintre s'est écarté de l'opinion commune, en nous représentant son cyclope sous des traits qui ne sont point difformes; il lui donne trois yeux, et dément ainsi l'entreprise d'*Ulisse* racontée par les poëtes et les mythologues. Un passage de *Servius* sur l'Enéide (*liv. III, vol.* 6) vient cependant motiver le caprice du peintre : *Multi illum dicunt, unum habuisse oculum, alii duos, alii tres*; le cyclope tient sa lyre d'une main; de l'autre, il est prêt à recevoir d'un Génie monté sur un *Dauphin*, messager de sa *Galatée*, des tablettes de la même forme que celle qui était usitée pour les *distiques amoureux*; l'air triste et empressé avec lequel il tend la main, semble exprimer à-la-fois son amour et ses craintes.

La peinture qui est au bas représente un *Amour* guidant un char attelé de deux cygnes.

1.ᵉʳ Sᴜᴊᴇᴛ. — Hauteur, 1 P. 9 p°. — Même largeur.
2.ᵉ Sᴜᴊᴇᴛ. — Hauteur, 8 p.° — Largeur, 1 P.

Tome I. Pᴇɪɴᴛ.

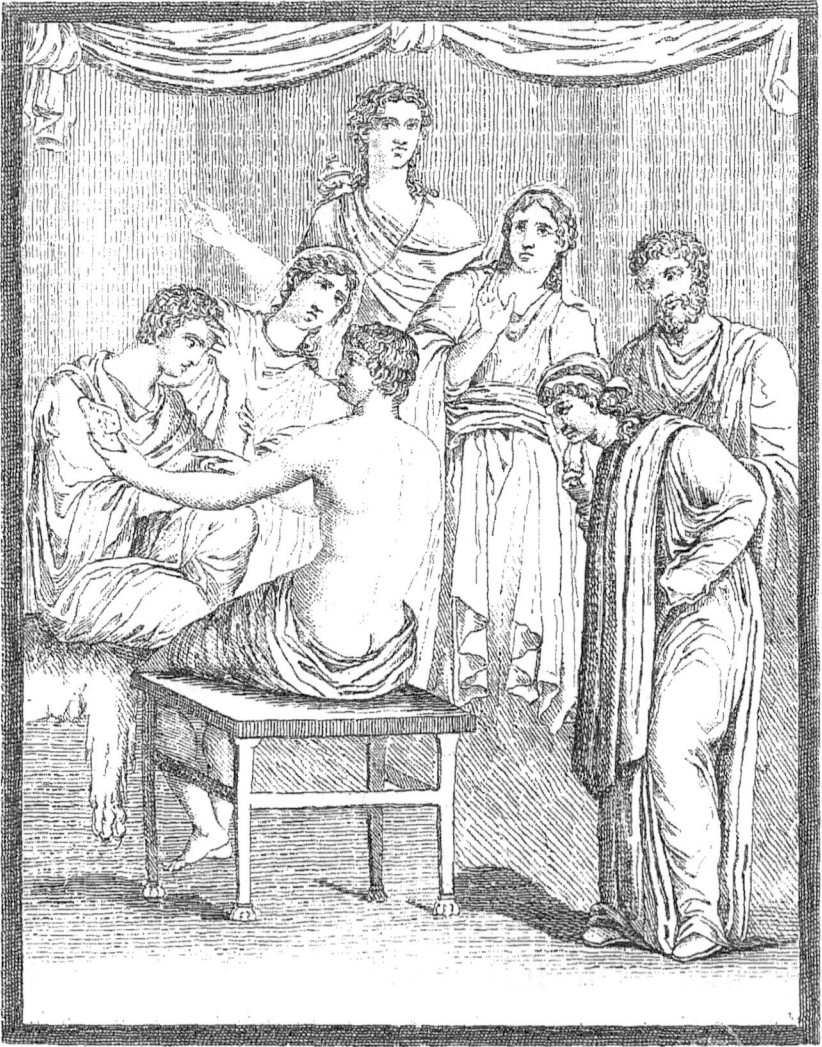

PLANCHE XI.

Les opinions ont beaucoup varié dans l'explication de cette peinture trouvée dans les fouilles de Résine en 1740. Est-ce le dévouement d'*Alceste*, ou l'entrevue de ces frères implacables, *Ethéocle* et *Polinice*, ou le jugement d'*Oreste* dans l'*Aréopage*? Nous pencherons plutôt à voir ici la belle scène de la reconnaissance d'Oreste dans l'Iphigénie en Tauride d'*Euripide*. Nous retrouvons Oreste dans le jeune homme sombre et pensif, assis sur un siége couvert de la peau d'un animal; cette vierge qui pleure en l'embrassant, exprime avec vérité sa sœur *Iphigénie* à l'instant où elle le reconnaît; le jeune homme assis devant lui, tenant une feuille déroulée, et qui paraît, en la lisant, désigner Oreste, sera son ami *Pilade*. Il nomme à la prêtresse ce même frère auquel il devait remettre sa lettre; la jeune fille et la vieille peuvent représenter le *chœur* qui promet le silence; le vieillard, frappé d'étonnement, sera le roi *Thoas;* enfin, la statue revêtue d'une chlamyde avec le carquois suspendu à l'épaule, sera celle de *Diane,* que les fugitifs devaient enlever.

Hauteur, 5 P. — Largeur, 4 P.

Tome I. Peint.

Il. une .... *Loin*

PLANCHE XII.

Sɪ l'on a vu dans la peinture précédente, *Oreste reconnu par Iphigénie,* celle-ci, quoique trouvée dans un lieu et dans un temps différent, offrira la continuation de la même aventure. *Euripide* est encore le guide qui nous expliquera le sujet de cette scène. Voici donc *Oreste* et *Pilade,* conduits par un satellite du roi à la mer, pour y être purifiés; les mains liées derrière le dos, le front ceint de bandelettes, et les tempes couronnées comme victimes destinées au sacrifice; voilà la statue de la Déesse sur la Table sacrée; auprès sont deux vases. *Iphigénie* intime aux citoyens l'ordre de s'écarter de la cérémonie mystérieuse, et invoque secrètement la Déesse pour le succès de l'enlèvement médité; l'une des ministres de la prêtresse porte une lampe allumée, et l'autre paraît occupée à ranger dans la cassette le reste des instrumens sacrés.

Le paysage au-dessous de cette peinture est d'une composition fort agréable, et digne d'attention.

1.ᵉʳ Sᴜᴊᴇᴛ. — Hauteur, 5 p.º 3 lig. — Largeur, 1 P. 2 p.º 6 lig.
2.ᵉ Sᴜᴊᴇᴛ. — Hauteur, 3 p.º — Largeur, 1 P. 2 p.º 6 lig.

Pal. uno ——— Rom.

PLANCHE XIII.

L'INSTRUMENT que porte la femme représentée dans cette peinture, est une épée renfermée dans son fourreau qui se termine par un bout en forme de champignon ; on trouve l'explication de cette singularité dans quelques anciennes autorités (*Vid.* HEROD. *lib. III, cap.* 64 ; PAUSANIAS, II, 16). On a cru voir dans le sujet de ce tableau, *Didon* abandonnée ; cette épée, la bandelette, ornement royal qui ceint ses cheveux en désordre ; l'habit rouge à longues manches qui pouvait se rapporter au costume carthaginois ; son âge et sa stature majestueuse ; ce visage à-la-fois triste et superbe ; ces yeux égarés, et le désespoir exprimé dans toute son attitude ; ces degrés et la porte qui indiquerait l'appartement supérieur destiné au repos et qu'elle viendrait de quitter ; tous ces traits rassemblés paraissaient se retrouver dans Virgile, et faire reconnaître cette reine infortunée. Malgré ces apparences, l'opinion, le plus généralement reçue aujourd'hui, nous présente ici *Melpomène,* Muse de la Tragédie ; l'épée est l'un de ses attributs reconnus ; cette arme fait allusion aux meurtres de la scène tragique, et plus particulièrement aux fureurs de

Tome I. PEINT.

Médée; les manches étroites qui descendent jusqu'aux poignets appartiennent au costume de la scène ; on les retrouve sur un grand nombre de figures représentant cette Muse ; on sait d'ailleurs que les manches des habits carthaginois étaient très-larges. Le fond du tableau représente la scène d'une manière peu différente de celle dont les miniatures de l'ancien manuscrit de Térence nous la retracent.

Les deux pilastres sont peints sur un fond noir, et renferment des symboles relatifs au culte de Bacchus ou d'Isis.

Le petit câdre offre une branche de fruits peints très-agréablement.

SUJET principal. — Hauteur, 3 P. 10 p.° — Largeur, 1 P. 7 p.°

Pal. uno ————————————————— Rom.

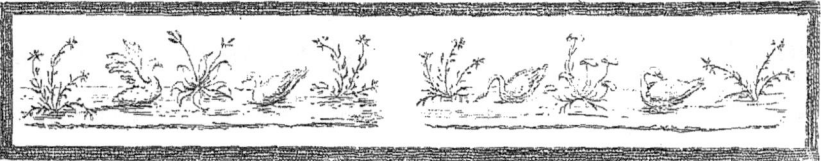

CETTE peinture vraîment curieuse, trouvée, ainsi que les précédentes, dans les fouilles de Résine, représente une *Cène* voluptueuse. Les figures et les accessoires méritent une égale attention : le lit avec une couverture blanche ; le vêtement du jeune homme qui pourrait être la *synthèse*, et qu'il a laissé glisser à moitié du corps, suivant l'usage, à la fin du repas ; la manière dont il se repose sur le coude, et dont il boit ; le vase en forme de corne (*rhyton*) ; la femme assise au bord du lit, selon la coutume des Grecques et des Romaines, le désordre de ses vêtemens, la *synthèse* qui l'enveloppe jusqu'à mi-corps, et le *peplum* d'une grande finesse qui lui couvre le sein ; son réseau à couleur d'or ; la cassette apportée par une esclave, et qui renferme probablement des parfums ; la table ronde à trois pieds ; le *colum*, ustensile percé où l'on mettait de la neige pour rafraîchir le vin ; et les trois vases pour faire des libations à *Jupiter*, à *Mercure* et aux *Grâces* ; enfin, les fleurs semées sur la table et sur le pavé : tout retrace précieusement l'usage et le costume.

L'ornement qui accompagne cette peinture n'y a point de rapport.

SUJET principal. — Hauteur, 1 P. 9 p.º — Largeur, 1 P. 7 p.º

Tome I. PEINT.

pal . uno . P. om.

PLANCHE XV.

LA beauté du coloris, l'excellence du style, l'esprit de la composition et le mouvement gracieux des figures donnent à cette peinture le plus rare mérite. C'est une *Bacchante* surprise par un *Faune*. Le site montueux convient aux orgies de *Bacchus;* il est semé de roches sur lesquelles a été renversée la Bacchante dans l'instant où elle cherchait à les franchir; la solitude l'a rendu aussi dangereux que ses aspérités. Près du faune est le bâton recourbé (*pedum*) et la flute à sept tuyaux (*syrinx*); aux pieds de la Bacchante est un thyrse dont la pointe est environnée de lierre. Comme instrument sacré, il est orné d'un ruban rouge semblable à sa robe. Sur le fond du tambour garni de grelots (*tympanum*), est peinte la figure d'un *Sistre;* un peu plus loin est un autre instrument rond et sans fond qui pourrait bien être le *Rhombe*, qu'une épigramme de l'Anthologie nous décrit comme faisant partie de l'équipage des Bacchantes.

Le *Rhombe* circulaire anime les Bacchantes.

Hauteur, 1 P. 4 p.º 6 lig. — Largeur, 1 P. 1 p.º

Tome I. PEINT.

Pal . vno . Rom .

PLANCHE XVI.

Un Silène nu, à la barbe touffue, s'efforce d'embrasser un Hermaphrodite également nu, qui semble le repousser et vouloir s'échapper de ses mains. L'excellence du style et du coloris ne rendent en rien cette peinture inférieure à la précédente ; toutes les deux paraissent être de la même main, et furent trouvées ensemble dans les fouilles de Résine.

Quoique les auteurs anciens aient fait usage indistinctement des noms de faunes, de silènes et de satyres, les Antiquaires, pour la clarté des descriptions, ont voulu les distinguer ; ils se servent du nom latin de *Faunes*, pour désigner ces suivans de Bacchus qui ont entièrement la forme humaine, et qui n'en diffèrent que par les oreilles de chèvre et par la queue ; les faunes, quand ils sont vieux et barbus, sont appelés *Silènes*, nom qui d'ailleurs était propre au père nourricier de Bacchus ; enfin, on donne le nom grec de *Satyres* à ceux qui, avec les mêmes signes, ont des cornes de bouc et la partie inférieure du corps semblable à cet animal.

Les nymphes, sous diverses dénominations, peuplaient les montagnes, les forêts et les eaux ; elles

Tome I. Peint.

avaient à se défendre des surprises des Divinités rustiques. La représentation de ces scènes licencieuses plaisait beaucoup aux anciens, qui portèrent jusqu'à la passion le goût de ces tableaux que Pline désigne sous le nom de *libidines*. Quant aux androgynes ou hermaphrodites, également rangés dans la classe des êtres fantastiques, ils ne sont que les enfans d'une imagination égarée par l'amour des voluptés, et qui a pris plaisir à réunir dans un seul individu les attraits des deux sexes : les sujets des Bacchanales nous en offrent souvent des images; et des groupes qui représentent la même scène que cette peinture, existent en Angleterre et à Dresde.

Hauteur, 1 P. 4 p.° 6 lig. — Largeur, 1 P. 1 p.°

pal. uno. .... Rom.

PLANCHE XVII.

CETTE peinture et les onze suivantes de même grandeur furent détachées des murs d'une salle découverte en 1749 dans les fouilles de la tour de l'Annonciade, à Civita, où l'on pense que devait être à-peu-près située la ville antique de Pompeïa : on parlera ailleurs de cette salle qu'on croit avoir été un triclinium, lieu destiné au repos et au plaisir, et de diverses autres peintures qui s'y trouvaient; toutes admirables par leur perfection, chacune d'elles a un mérite particulier digne de notre attention. Celle-ci représente deux Danseuses; dans leur mouvement, développé avec autant de vigueur que de grâce, chacune saisit du pouce et de l'index le doigt medium de sa compagne, pour former une passe qui n'est point étrangère à nos danses modernes. Le vêtement de la première est d'un tissu vert très-fin, transparent et bordé de rouge. Le voile qui lui ceint la tête à plusieurs reprises paraît se rapporter à ce genre de coiffure que les anciens appelaient du nom générique de mitra. Les draperies de la seconde Danseuse sont jaunes; l'une et l'autre portent pour chaussure des semelles lacées avec des rubans rouges.

Hauteur, 11 p.º — Largeur, 1 P. 3 p.º 6 lig.

Tome I. PEINT.

PLANCHE XVIII.

On ne peut assez admirer cette peinture ; la sûreté du dessin, la pureté du coloris, une grâce charmante dans l'agencement, tout fait reconnaître la finesse de l'art et la perfection de l'exécution. Le mouvement de cette jolie figure annonce la Danse ; ses charmes sont encore relevés par les bracelets et le collier de perle ; un ruban blanc lie ses cheveux blonds ; son vêtement fin et léger de couleur jaune, avec une bordure bleue, est abandonné au vent, et nous dérobe à peine une partie de son corps.

« Les danseurs invitaient *Vénus* à se mêler à leurs » jeux ; elle conduit le chœur des Nymphes et des » Grâces ; elle danse au banquet des Dieux ; les » perles nées dans son berceau font sa parure chérie ». C'est donc Vénus qui nous charme dans cette figure, ou c'est une jeune Danseuse ou Bacchante qui la représente ; nous la voyons exécuter dans un banquet l'une de ces trois parties de la danse, le mouvement, la figure et l'*indication*. Après un mouvement rapide, elle s'est arrêtée, et, dans son attitude pleine de grâce, elle offre aux yeux des convives tous les charmes de la Déesse même.

Hauteur, 11 p.° — Largeur, 1 P. 3 p.° 6 lig.

Tome I. Peint.

PLANCHE XIX.

CETTE figure rivalise de beauté avec la précédente. Ses cheveux sont blonds ; le tissu jaune et transparent qui se joue en plis gracieux paraît plutôt voiler que couvrir une partie de son corps ; son front est ceint d'un ruban bleu-céleste ; de la main gauche elle soutient un disque couleur d'argent, qui paraît avoir quelque rapport à sa danse et lui servir de caractère distinctif.

« Telle se montrait *Vénus*, vierge encore, exposant aux regards la beauté de ce corps parfait, et » laissant deviner ses charmes les plus secrets sous » un léger tissu de lin que soulève doucement » le zéphir ; la blancheur de son corps s'unit à la » lumière du ciel, et l'azur de son voile se confond » avec celui des flots ». Cette description voluptueuse d'*Apulée* (Métam. X) a beaucoup de rapport avec notre Danseuse. Les *Grâces*, les *Nymphes* et les *Heures* étaient également représentées dans les danses avec les attributs que leur donnaient l'imagination des peintres et des poètes ; et les danseuses ont pu servir à leur tour de modèles pour ces Divinités.

Les jolies frises à la suite de cette peinture et des cinq suivantes, n'ont aucune relation avec le sujet.

Hauteur, 11 p.° — Largeur, 1 P. 3 p.° 6 lig.

Tome I. PEINT.

PLANCHE XX.

Voici une autre Danseuse dans le caractère d'une *Bacchante*. A demi-nue, les cheveux épars, de la main gauche elle élève un tambour garni de grelots (*tympanum*) qu'elle est prête à frapper de l'autre main pour marquer la mesure de sa danse ; elle est parée d'un collier et de bracelets à double rang, qui paraissent formés de perles ; sa robe blanche et d'une grande finesse est bordée de rouge, couleur consacrée à Bacchus ; les plis en sont élégans et bien entendus ; ses sandales sont attachées avec des rubans également rouges.

Parmi les personnages que les anciens aimaient à voir représenter par leurs danseuses au milieu du festin, les Bacchantes offraient sans doute un attrait piquant à leur goût pour le plaisir. Les poètes donnaient leur caractère. « Presque nues, à peine cou-
» vertes d'une peau de tigre ou d'un vêtement léger,
» prêtes à se livrer aux orgies de Bacchus, on les
» voit détacher les bandelettes de leur chevelure et
» l'abandonner aux vents, s'agiter vivement, et
» accompagner leurs mouvemens du bruit du

» tambour; elles ne donnent pas moins l'image de
» l'ivresse de Vénus que de Bacchus ».

Le mouvement de notre Danseuse est plus com-
posé; ses cheveux dénoués ne sont pas encore en
désordre; elle vient de commencer la danse.

Hauteur, 11 p.º — Largeur, 1 P. 3 p.º 6 lig.

PLANCHE XXI.

CETTE Danseuse se fait encore admirer par sa grâce et sa légèreté ; ses cheveux ne sont point épars, mais le lierre dont ils sont couronnés, la peau de tigre ou de panthère qui de l'épaule gauche s'envole sous son bras, nous font reconnaître une Bacchante. Elle fait résonner dans ses mains les cymbales, dont le bruit harmonieux doit accompagner les clameurs des Prêtresses de Bacchus ; les bracelets à double rang sont de couleur d'or ; son vêtement est de cette couleur d'azur que le galant Ovide distingue parmi celles qui plaisaient le plus aux femmes.

Les Bacchantes ne sont pas toujours caractérisées par le désordre de leur chevelure ; on en trouve souvent, dans les monumens antiques, dont les cheveux sont soigneusement arrangés. Un poète latin (*Corn. Gallus*, l. IV) nous peint ainsi l'une de ces femmes voluptueuses : « Sa beauté ingénue » lui faisait donner le nom de *Candide*; les tresses » de ses cheveux étaient divisées avec art ; les » cymbales retentissaient entre ses mains agiles, » et leur éclat se réfléchissait sur tout son corps; je » la vis danser et fus épris d'amour ».

Hauteur, 11 p.º — Largeur, 1 P. 3 p.º 6 lig.

Tome I. PEINT.

PLANCHE XXII.

CETTE figure svelte et gracieuse est vêtue d'une robe violette longue et transparente ; l'épaule et le bras nus, elle semble avoir suivi le conseil du précepteur des amours, qui apprend à ses écolières que la partie qui attire le plus les regards des amans est celle où ces belles formes se confondent. (OVID. *de art. III, v.* 307.) Un voile léger jeté sur l'autre épaule passe sur son sein, vient former un tour à son bras droit, et voltige agréablement par derrière ; son poignet est paré d'un bracelet d'or ; de légères semelles forment sa chaussure ; les feuilles de roseau dont ses cheveux blonds sont couronnés, le vase qu'elle porte d'une main, le disque qu'elle soutient de l'autre, et où l'on distingue trois figes, paraissent faire allusion à son caractère. C'est une Naïade, suivante de Bacchus, ou une femme qui, sous ce personnage, fait au Dieu l'offrande des prémices d'un fruit qui lui est consacré, ou l'une de celles qu'on appelait pour servir dans les festins somptueux. La couleur violette qui distingue son vêtement était très-recherchée des femmes dans leur parure, et une profession en prenait à Rome le nom de *violarii*.

Hauteur, 11 p.° — Largeur, 1 P. 3 p.° 6 lig.

Tome I. PEINT.

PLANCHE XXIII.

CETTE jolie figure a beaucoup de rapport avec la précédente par l'expression, quoique ses attributs lui donnent un caractère différent. Sa couronne formée de tiges de blé, et sa robe blanche, ont quelque rapport aux fêtes de Cérès, célébrées très-souvent par les anciens avec celles de Bacchus. C'est encore une Danseuse appelée dans un festin; elle porte un panier de la main droite, et de l'autre un disque; comme sa compagne, elle est sans ceinture, et son vêtement flottant laisse à découvert le sein et le bras droit; au-lieu de sandales, elle porte des chaussons. Cette figure rappelle la danse religieuse des *Cernophores*; l'imitation des usages religieux embellit souvent les fêtes consacrées aux plaisirs. La tunique flottante était une recherche des femmes voluptueuses et des hommes qui s'en rapprochaient par leur goût; elle prêtait à la grâce des mouvemens, et les ondulations produites par le zéphir donnaient un attrait plus piquant aux formes que décélait la transparence du vêtement.

Hauteur, 11 p.º — Largeur, 1 P. 3 p.º 6 lig.

Tome I. PEINT.

  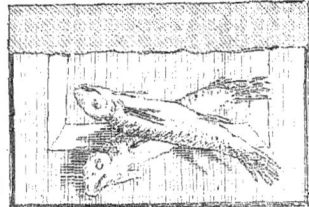

PLANCHE XXIV.

QUELLE est cette gracieuse figure? La blancheur
de son vêtement, la candeur qui règne dans ses
traits, ont fait croire qu'elle représentait la Paix.
D'une main elle porte une branche chargée de deux
fruits qui ressemblent à des citrons; de l'autre, un
sceptre couleur d'or. « La Paix dispense les biens et
» nourrit la jeunesse; elle est agréable au fils joyeux
» de Jupiter; le chantre des plaisirs veut qu'elle
» préside à la joie de ses convives ». L'image de
cette Déesse est bien placée dans une salle de festin;
mais ce diadème, ce voile autour de la tête, ce
manteau azuré et les autres attributs, seront peut-
être réclamés par Vénus. Cythérée orna ses jardins
de l'arbre à pommes d'or; un sceptre désigne sa
puissance; elle aime la couleur des flots où elle
prit naissance; les boucles de perles aux oreilles
sont rarement oubliées dans les images de cette
Déesse, même en sculpture; et les médailles nous
la représentent souvent avec la même coiffure. N'est-
ce pas aussi une Prêtresse de Bacchus, qui préside
au chœur des danseuses, représenté par cette suite
de peintures. Le sceptre était au nombre des marques.

Tome I. PEINT.

de la dignité des Prêtresses; les fruits et leurs prémices étaient consacrés à ce Dieu. Il est souvent plus
facile d'admirer l'habileté de l'artiste, que d'assigner
une intention à ses caprices.

Hauteur, 11 p.º — Largeur, 1 P. 3 p.º 6 lig.

PLANCHE XXV.

Le sujet de cette peinture est d'une composition aussi piquante qu'agréable. Un *Centaure*, dans sa course rapide, emporte la *Bacchante* qui l'a subjugué; il ne peut fuir son vainqueur. Le genou plié, la *Bacchante* s'affermit sur la croupe de son captif, et foulant d'un pied dédaigneux ses bras liés derrière le dos, le tenant d'une main par les cheveux; de l'autre, le pressant avec le bout inférieur d'un thyrse, elle le maîtrise à son gré. Ses cheveux blonds, abandonnés aux vents, attestent la vélocité de la course, et son vêtement qui s'échappe laisse briller, dans l'attitude la plus hardie, les formes le plus heureusement dessinées. Ce groupe a quelque rapport avec les célèbres Centaures sculptés par *Aristeas* et *Papias*, artistes aphrodisiens. Les copies antiques de ces statues nous font voir le plus âgé des deux Centaures dompté par le génie de Bacchus, symbole de l'ivresse et de la débauche; il a les mains attachées derrière le dos comme celui de notre fresque, tandis que le plus jeune, adonné à la chasse, est devenu lui-même la proie de Cupidon qui est assis sur sa croupe. Dans les métopes du *Parthenon, Phidias* a représenté les Centaures comme des ravisseurs de jeunes femmes et de jeunes garçons. Subjugués ou vainqueurs, ces êtres imaginaires nous offrent une nature sauvage dégradée par l'intempérance et par les plaisirs les plus effrénés; c'est le caractère que leur ont donné les artistes et les poètes. On les voit aux noces de *Pirithoüs* violer les saintes lois de l'hospitalité; *Nessus*, enlevant *Déjanire*, périt sous les traits d'*Hercule*; ce héros venge la sœur d'*Euristhée* des attentats d'*Homade*; *Rhœtus* et *Hyleus* reçoivent de la main d'*Atalante* le prix de leur témérité, et les Sirènes prennent le nom de *Centauricides*, du nom de leurs victimes.

L'artiste s'est également rencontré avec les poètes dans l'image de la servitude où nous assujétissent les passions. «Armée d'un fouet redoutable, *Vénus* » menace les rebelles; comme des captifs enchaînés » dans ses nœuds magiques, elle nous instruit sous » ses coups multipliés ».

Hauteur, 11 P. — Largeur, 1 P. 3 p.° 6 lig.

PLANCHE XXVI.

Zeuxis fut le premier dont l'imagination vive et ardente, cherchant des sujets extraordinaires pour exercer son pinceau, créa, dans sa *Centauresse,* cet être singulier qui rassemble les formes que nous admirons le plus dans la nature. On ne sait pas si les poètes grecs les plus anciens avaient donné des femmes aux Centaures ; mais parmi les Latins, Ovide est le premier qui ait reproduit sous les couleurs de la poésie, ce caprice hardi du peintre grec. Nous ne rechercherons point avec quelques écrivains, la possibilité de si étranges productions : les monstres, dans la nature, font horreur ; l'imagination sait embellir les formes les plus bizarres ; elle nous transporte dans un monde nouveau, où tous les élémens de la nature se confondent pour produire ce beau idéal que les artistes grecs ont toujours cherché. Les erreurs des premiers peuples, et plus souvent les traits brillans de leurs sciences, se retracent dans les chimères de l'antiquité ; nous avons perdu le sens de leur langage emblématique ; mais leurs tableaux ont un charme inexprimable qui nous plaira toujours, et le philosophe y trouve souvent des leçons cachées qu'il nous explique. Il serait cependant difficile de rendre compte de l'intention du peintre dans le groupe que nous avons sous les yeux, si l'on doit y voir autre chose que la saillie d'une imagination brillante.

La belle *Centauresse* porte en croupe une jeune Bacchante vêtue d'une tunique jaune, caractérisée par le thyrse et par ses cheveux en partie épars, en partie attachés avec soin, ainsi qu'on le remarque dans plusieurs monumens. Une draperie verte jetée sur son épaule vient passer sur ses reins ; un collier, un bracelet lui servent de parure. Quand l'œil a perdu la trace des formes humaines, il suit celles qui leur succèdent sous une nuance très-blanche ; les oreilles allongées participent, peut-être, de cette seconde nature, ou ne sont pas différentes de celles de la figure peinte par Zeuxis, qui les empruntait de la chèvre. De la main gauche, la Centauresse tient suspendu un feston de feuillage qui se termine à l'extrémité par un bouton et des rubans ; l'autre bout est caché dans sa main droite passée sous l'épaule de la jeune fille, et son mouvement indique qu'elle va lui ceindre la guirlande en écharpe. La pose gracieuse de la Bacchante répond parfaitement à cette intention.

Hauteur, 11 p.ᵉ — Largeur, 1 P. 3 p.ᵉ 6 lig.

PLANCHE XXVII.

CE *Centaure* sans barbe enseigne à jouer de la lyre à un jeune homme qu'il soutient légèrement. La nuance de la partie inférieure est un bai-clair; les draperies sont violettes; le thyrse et le *tympanum* que l'on y voit suspendus, désignent un suivant de Bacchus. La lyre dont il donne des leçons, nous rappelle *Chiron*, qui montre au jeune *Achille* l'art de jouer de cet instrument; d'ailleurs, les suivans de Bacchus cultivent tous les genres de musique, et il n'est pas rare de voir la lyre entre les mains des Centaures attelés à son char. Les cheveux hérissés du Centaure sont assez dans le caractère des êtres rustiques que les anciens poëtes rangent dans le cortége du Dieu de l'Ivresse, tels que les Faunes, les Satyres, etc.

Hauteur, 11 p.° — Largeur, 1 P. 3 p.° 6 lig.

Le sujet que nous admirons ici n'a rien qui ne rappelle le pinceau qui a produit les trois précédens; mais il est sensible que l'artiste s'est surpassé lui-même dans les grâces et la délicatesse de l'exécution. Ce charme inexprimable qui, au rapport de Lucien, donnait tant de prix à la *Centauresse* de Zeuxis, se reproduit dans celle-ci. Il réside dans l'union subtile des deux natures de cet être imaginaire; la blancheur répandue sur la carnation délicate de l'une, se distingue de celle qui brille sur le manteau poli de la seconde; mais l'œil se perd dans les nuances incertaines qui les séparent. Cette finesse, ces coups de pinceau qui décèlent si souvent une main de maître, nous prouvent bien que ces anciens artistes avaient une connaissance profonde de l'art; leurs fautes n'étaient que des négligences; on s'aperçoit quelquefois de leurs repentirs par les couches de couleur qui se retrouvent sur l'enduit; mais souvent ils ne prenaient pas la peine de corriger les premiers traits de leur pinceau. Ici le fini de l'exécution répond au mérite d'une heureuse invention. L'attitude du groupe est admirable et le mouvement plein de charmes. Le jeune homme, légèrement soutenu d'une main sur l'épaule de sa belle compagne, lui présente une cymbale dorée qu'elle est prête à frapper de la sienne, en-même-temps qu'elle touche avec grâce les cordes de sa lyre. Leurs regards semblent se rencontrer comme leurs instrumens harmonieux; l'arrangement de la chevelure dans notre Centauresse semble, comme dans celle d'Ovide, annoncer le dessein de plaire; son collier (*phalera*) forme une parure agréable et qui semble sur-tout lui convenir, en rappelant ceux dont on parait les plus nobles coursiers; la draperie qui voltige sur son bras est violette, celle du jeune homme est jaune.

Hauteur, 11 p.° — Largeur, 1 P. 3 p.° 6 lig.

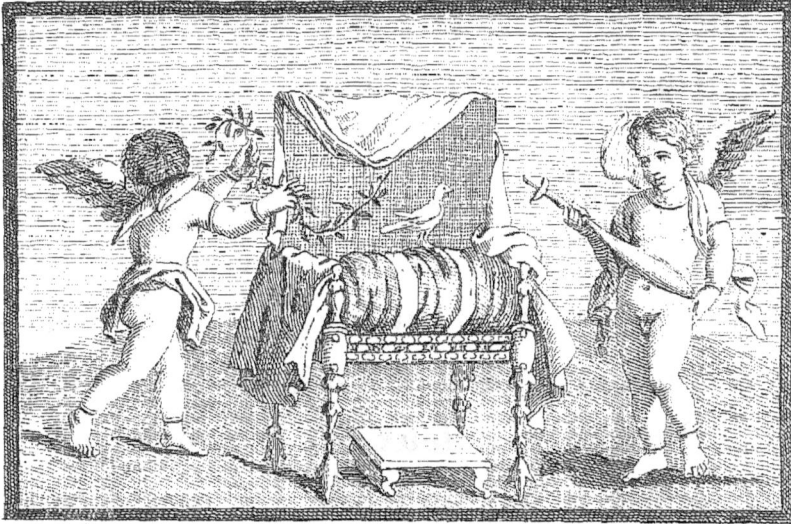

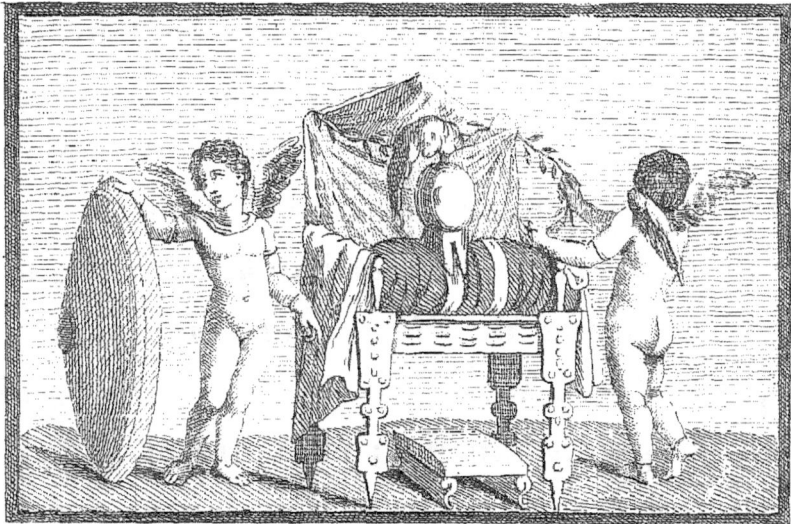

Ces deux peintures d'un excellent coloris furent trouvées dans les fouilles de Résine, le 31 août 1748 ; elles représentent deux Siéges majestueux enrichis d'ornemens recherchés , et accompagnés de marche-pieds couleur d'or; cet accessoire nous autorise à voir ici cette espèce de Siége qu'on appelait proprement un *trône*; il convient aux dieux et aux souverains. Les attributs et les amours ou génies qu'on remarque aux côtés, nous apprennent à quelles divinités ces deux trônes sont consacrés; sur l'un repose la colombe de *Vénus*; le coussin est couleur de rose; la draperie jetée sur le dossier et qui retombe sur les bras , est de couleur verte changeante. L'un des génies y suspend une guirlande qui paraît formée de feuilles de myrte ; l'autre porte le sceptre : ce trône attend la Reine des Amours. Le second appartient à son belliqueux amant. Le casque de *Mars ,* surmonté d'un panache, est déposé sur le coussin; l'un des génies soutient son grand bouclier; et l'autre arrange une guirlande qui paraît composée de laurier, récompense de la valeur. Rien n'est plus gracieux que la pose des quatre génies; l'opposition que le peintre leur a donnée dans ces deux peintures qui font pendant, est d'une heureuse intention. Les colliers et les cercles d'or dont sont ornés le cou, les bras et les jambes de ces beaux enfans, sont une parure distinguée.

Hauteur, 8 p.° 3 lig. — Largeur, 1 P. 1 p.° 6 lig.

PLANCHE XXX.

On découvrit dans les fouilles de Résine, au mois de septembre 1748, ces peintures et les suivantes, où sont représentés les Génies de la danse et de la musique, des jeux de l'enfance, de quelques arts mécaniques et de divers exercices. Dans le premier tableau, l'un des petits danseurs est en mouvement, tenant d'une main une espèce de roseau fendu, dont le bruit paraît devoir marquer la mesure ; l'autre, prêt à partir, ajuste une couronne de myrte sur sa tête, à l'envi de son compagnon déjà couronné. Dans le second tableau, l'un, presque en repos, tient aussi un roseau fendu ; l'autre, en mouvement, porte sur l'épaule un long sceptre, orné au bout d'une pomme ou d'une balle, et tient un disque ou plutôt un petit tambour suspendu à un cordon. On peut considérer ce sceptre comme destiné à servir de balancier, ou à faire briller l'adresse du danseur. On sait à quel point les anciens ont porté le goût de la danse. Cet art, également consacré par la religion et par le plaisir, faisait partie de l'éducation publique chez plusieurs peuples ; et les artistes ont pris souvent plaisir à nous retracer les modèles qu'il leur offrait.

Hauteur, 8 p.ᵉ 3 lig. — Largeur, 1 P. 1 p.ᵒ 6 lig.

Tome I. PEINT.

PLANCHE XXXI.

Ces deux peintures offrent l'union de la danse et de la musique. Dans la première, l'un des Génies joue d'une flûte double garnie de clefs pour en varier les modulations ; l'autre saute ou danse sur un seul pied avec un bâton ou peut-être un balancier sur l'épaule, pour conserver l'équilibre. Dans la seconde peinture, l'enfant armé d'un instrument, dont l'extrémité fendue est retenue par un anneau, pourrait représenter une espèce de danse que Pollux nomme *fissilia trahere ;* nous remarquerons au reste plusieurs instrumens peu connus, et qui paraissent tous répondre à la même intention, celle de produire un certain bruit qui marque le temps ou la mesure. L'autre danseur accompagne ses pas du son d'une lyre à six cordes dont il touche avec grâce.

Hauteur, 8 p.° 3 lig. — Largeur, 1 P. 1 p.° 6 lig.

Tome I. Peint.

PLANCHE XXXII.

La première de ces peintures nous offre deux Génies dont l'action vive et gracieuse retrace le même exercice que les précédentes. L'un porte sur l'épaule un instrument à dix cordes dont la forme rappelle le trigone antique, quoiqu'il ne soit point fermé par un troisième côté ; il danse et pince en-même-temps les cordes de la main droite. Son compagnon paraît danser au son du même instrument ; il tient dans chaque main deux clous de bronze, espèce de crotales, dont on tirait des sons en les frappant en cadence.

Dans la seconde peinture, on voit trois petits Génies occupés au même jeu. Celui du milieu est l'acteur principal ; il doit enlever le piquet planté en terre, et vers lequel il doit arriver en suivant la corde qui y est attachée. Les deux autres, armés de baguettes, s'y opposent avec vivacité, l'un en poursuivant l'acteur, l'autre en le tirant à lui, par le moyen de la corde, pour le frapper de son côté. La composition de ce tableau est aussi piquante qu'animée.

Hauteur, 8 p.º 3 lig. — Largeur, 1 P. 1 p.º 6 lig.

PLANCHE XXXIII.

Ces deux sujets font suite aux jeux enfantins. Le premier représente un char à deux roues, tiré par deux enfans, et guidé par un troisième. La forme du petit char (*Birotum*) est semblable à celle des chars en usage dans les jeux du cirque, telle qu'elle se rencontre souvent dans les monumens et sur les médailles. Celui-ci n'a qu'un seul timon, comme destiné ordinairement à l'attelage d'un seul couple ; on sait que les timons se multipliaient quelquefois à raison de chaque attelage. Cet exercice donnait aux enfans l'envie de paraître au cirque, et de se distinguer dans ces jeux célèbres.

L'autre peinture offre le jeu vulgairement appelé *cligne-mussette*. On y voit trois petits Génies ; l'un d'eux se couvre les yeux avec les mains pour donner aux autres le temps de se cacher ; un second court avec empressement pour se cacher, et retourne la tête pour s'assurer s'il n'est point observé ; le troisième, déjà tapi derrière une porte, épie avec impatience celui qui doit chercher. Ces figures sont pleines de grâce et de naïveté.

Hauteur, 8 p.° 3 lig. — Largeur, 1 P. 1 p.° 6 lig.

Tome I. Peint.

PLANCHE XXXIV.

Dans la première peinture, on voit un enfant qui fait peur à un autre avec un masque. Ce pauvre petit est tombé à la renverse, et tout dans son mouvement exprime ingénuement sa frayeur; un troisième paraît venir à son secours, et gronder celui qui l'a effrayé. Le caractère du masque est chargé; il paraît avoir les traits d'un singe. Cette espèce de masque était appelée *mormolycea*, et son nom seul servait aux nourrices pour faire peur aux enfans.

L'autre peinture a quelque chose de très-curieux; elle représente deux Génies exerçant le métier de menuisier. On voit dans la boutique l'établi avec le fer crochu ou *valet* pour assujétir les planches, la scie, le marteau, et une boîte à mettre les outils. Sur un support attaché au mur est un petit vase destiné, peut-être, à contenir de l'huile pour les outils. Chaque profession mécanique avait ses Dieux protecteurs, auxquels les inscriptions donnent le nom de *Génies*; celle des charpentiers et des menuisiers formait, à Rome, l'une des principales communautés. On appelait aussi Génie l'inclination qu'on sentait pour exercer un art. L'intention du peintre peut se rapporter à l'un de ces motifs.

Hauteur, 8 p.° 3 lig. — Largeur, 1 P. 1 p.° 6 lig.

PLANCHE XXXV.

La première de ces peintures est très-curieuse, en ce qu'elle nous retrace une opération rustique, avec des détails que les Auteurs anciens ne nous ont transmis qu'avec beaucoup d'obscurité. Ces Génies représentent les travaux des pressureurs, qui formaient à Rome une communauté sous le nom latin de *Capulatores*. Un plateau, deux chevrons plantés en terre, réunis par un troisième dans la partie supérieure, quelques traverses et des coins de bois composent toute la machine, et forment le pressoir. Il est du genre de ceux qu'on peut appeler pressoirs à poids, plus anciens et plus simples que les pressoirs à vis. Deux Génies, frappant en sens contraire avec des maillets, enfoncent les coins, et font descendre les traverses dont la pression écrase le raisin; on voit le moût couler par la rigole et tomber dans un grand vase. Un Génie à part semble occupé à faire cuire le moût, qu'il remue avec une spatule dans un vase placé sur un fourneau.

L'autre peinture représente une boutique de cordonnier. Deux Génies assis sur des escabelles devant une table, exercent ce métier. On voit quelques brodequins sur une tablette attachée au mur; de l'autre côté est une armoire où sont rangés des formes et des vases qui peuvent contenir la couleur dont on teignait les chaussures.

Hauteur, 8 p.° 3 lig. — Largeur, 1 P. 1 p.° 6 lig.

Tab. 35.

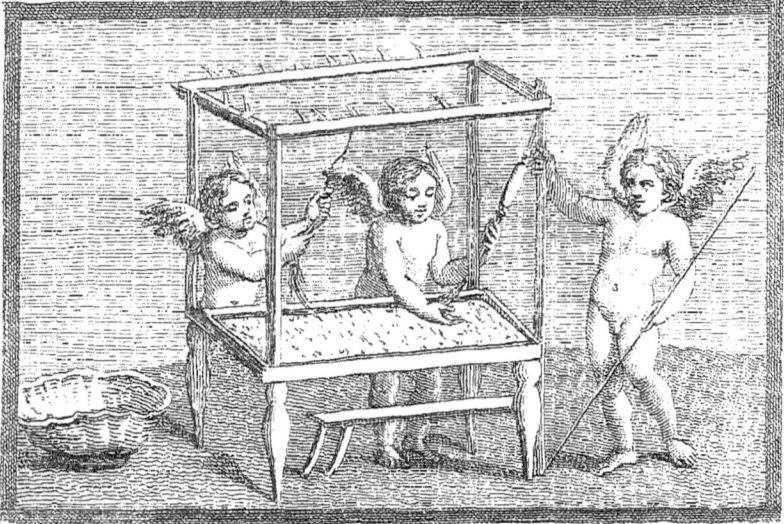

PLANCHE XXXVI.

On ignorait tout-à-fait quel était le sujet du premier tableau. M. *Visconti* en a donné une explication heureuse fondée sur un rapprochement de passages anciens et de plusieurs monumens. (*Voyez* Museo Pio-Clem. *Tome IV, page 2, note 2*). Ces Génies s'occupent autour d'un métier à former une espèce de festons de laine qui devaient être interrompus par de petits nœuds en ruban pourpre. Ces festons étaient proprement dits *vittæ;* ils formaient la parure ordinaire des temples, des victimes, et de presque tous les objets du culte. Pour faciliter le travail de ces petits ouvriers, des écheveaux de laine sont suspendus autour du métier, sur la table duquel paraît un grand nombre de petits anneaux de ruban pour en former les nœuds que nous venons d'indiquer. Ces Génies font précisément l'opération que Stace a décrite dans l'hémistiche suivant (THEB. II, v. 738) :

.......*Nectunt discrimine vittas.*

Dans le second tableau, on voit deux petits Génies dans une attitude gracieuse qui s'amusent à pêcher à la ligne.

Hauteur, 8 p.° 3 lig. — Largeur, 1 P. 1 p.° 8 lig.

Tome I. PEINT.

PLANCHE XXXVII.

LE Génie de la Chasse ne peut être représenté avec plus de vie, avec plus de grâce. Il tient deux javelots de la main gauche; de l'autre, il lance le trait qui va percer l'un des cerfs fugitifs; le battement de ses ailes et sa draperie flottante répondent à la vivacité de son action. Les cerfs sont d'une belle forme et s'élancent avec rapidité. Les chiens sont tels que les décrit un auteur ancien (NEMESIANUS, *v.* 108 *et suiv.*) « Elevés sur les jambes, la » poitrine large, les flancs effilés vers la croupe, la » queue recourbée et les oreilles flottant avec sou- » plesse dans leur course ». Le peintre n'a rien négligé pour exprimer cet exercice chéri des rois et des héros, et qui préparait les Romains à la gloire, en développant leurs forces et en entretenant leurs membres dans la vigueur. (*Voy.* HOR. I, *ép. XVIII*).

L'autre peinture offre deux Génies chacun sur un char tiré par des dauphins accouplés à un timon; le second, cédant au sommeil et prêt à tomber dans la mer, semble faire allusion à l'aventure du fameux nocher d'*Enée.*

Hauteur, 8 p.° 3 lig. — Largeur, 1 P. 1 p.° 6 lig.

Tome I. PEINT.

LA première de ces peintures offre un Génie assis dans un char et jouant de la lyre. Le char est traîné par deux griffons guidés par un autre Génie qui marche devant, et porte un bassin rempli de fruits. Le fond du tableau est une draperie verte relevée dans le milieu par un gros nœud, et dont les plis indiquent une suite de festons. Cet appareil, cette marche solennelle, ces quadrupèdes ailés consacrés à *Apollon*, semblent annoncer le fils de *Latone*. Ces Génies sont évidemment les Génies d'Apollon; la draperie peut faire allusion au pavillon sacré décrit par *Euripide* dans l'*Ion*, et que l'on érigeait à Delphes dans les fêtes de ce Dieu. La lyre désignerait l'harmonie que ce Dieu puissant entretient dans la nature, et le bassin de fruits serait l'hommage offert pour les bienfaits qu'il répand sur la terre en la fécondant. Ce que cette peinture a pu laisser à desirer pour le fini de l'exécution et la beauté du coloris, est racheté par le mérite de l'invention, le mouvement et la vie des figures. Elle fut trouvée dans les fouilles de Résine en 1748. La suivante fut trouvée au même lieu en 1749; elle nous offre également un sujet religieux, expliqué

Tome I. PEINT.

par l'inscription très-rare qu'on lit sur le fond du tableau : GENIUS HUJUS LOCI MONTIS, *Génie de cette montagne.* Ce jeune homme nu, couronné de feuillages et tenant une branche à la main, vient de déposer son offrande sur l'autel rustique qui s'élève au sommet de la montagne. Son action indique le silence qui convient au mystère, à l'instant propice attendu religieusement, où le serpent vient dévorer les fruits consacrés. On connaît le respect des anciens pour ce reptile; né de la terre, il représente ici le Génie du lieu. Un passage de Virgile se rapporte merveilleusement au sujet. (*Æn. V. v.* 97).

Il dit, et de la tombe un serpent monstrueux
Sort en développant sept plis majestueux,
Embrasse mollement la tombe paternelle;
D'un or mêlé d'azur son écaille étincelle,
Et son émail changeant jette un éclat pareil
A l'écharpe brillante où s'empreint le soleil.
On s'étonne à sa vue; et lui sans violence,
Parmi les vases saints s'avançant en silence,
Glisse, effleure les mets, et, rassemblant ses nœuds,
Rentre au fond de la tombe et disparaît aux yeux.
Quel est, dit le héros, *ce serpent tutélaire ?*
Est-ce un gardien sacré du tombeau de mon père ?
Serait-ce de ces lieux le Génie inconnu ?

DELILLE.

Hauteur, 8 p.º 3 lig. — Largeur, 1 P. 1 p.º 6 lig.

pal. tre ==================== Rom.

CETTE peinture et les suivantes, ayant pour sujet des décorations d'architecture, furent trouvées dans les fouilles de Résine. On chercherait vainement, dans ces compositions bizarres, les principes ou l'application des règles de l'art ; on ne doit y considérer que l'essor d'une imagination capricieuse, dont une grâce séduisante excuse à peine les écarts. La peinture, qui n'est que l'ombre des arts plus imposans, de la sculpture et de l'architecture, a pu jouer avec les formes les plus sévères et produire des prestiges brillans, comme fait l'imagination avec les ombres légères d'un songe. Les décorateurs, qui n'avaient pour but que de remplacer la longue uniformité d'une surface par des objets agréables à la vue, se sont abandonnés sans scrupule à tous leurs caprices. *Vitruve,* ce grand maître de l'antiquité, dont le livre conserverait encore les principes, si tous les monumens avaient péri, s'est élevé avec une grande sévérité contre ces écarts qu'il croyait pernicieux au bon goût. Il rappelle la peinture à sa première destination, celle de représenter ce qui existe ; il veut qu'elle soit aussi vraie dans la représentation de l'architecture, que dans l'imitation de tous les objets pris dans la nature ; il ne peut souffrir ces fûts de candelâbres, ni ces cannes légères (*calami*) qui prennent la place des colonnes, ni ces formes de crochets (*harpaginetuli*) substitués au faite imposant d'un édifice, tels qu'on les voit au couronnement de la rotonde dans notre peinture, à laquelle on peut parfaitement appliquer la critique de l'auteur latin. Cette rotonde paraît former le milieu d'un ensemble de colonnades disposées d'une manière pittoresque. Il manque la partie gauche et tout ce qui répondrait au côté droit. L'arrangement des guirlandes et des feuillages jette de l'agrément dans les espaces et sert à marquer les distances. L'ordre ressemble à l'ionique, s'il peut être déterminé malgré le défaut de proportions. On ne peut s'empêcher de reconnaître dans ces peintures une vivacité singulière, réunie à tant de franchise et d'esprit, dans les touches des ombres et des lumières, que Vitruve qualifiait d'*aspérité* le relief qu'elles produisaient. Et si l'on veut revenir contre la condamnation du critique latin, on se rappellera que *Raphaël* a adopté ce genre de peinture pour la décoration; et le goût général avec lequel les anciens et les modernes l'ont affectionné, semble faire, avec ce jugement implicite de Raphaël, une autorité qui contre-balance l'opinion trop sévère que Vitruve avait de ce même genre.

Hauteur, 3 P. 3 lig. — Largeur, 4 P. 9 p.° 6 lig.

pal. tre ——————————————————— Pom.

Cette décoration, du même goût que la précédente, est également tronquée. Elle règne sur une bande qui forme comme le socle de la salle; cette bande est divisée en trois parties. La partie inférieure qui sert d'architrave, est ornée d'aîles et de bandelettes disposées alternativement. La partie supérieure est agréablement ornée et figure la corniche. Celle du milieu peut passer pour la frise (*zophorus*, ainsi dite, parce qu'elle est ornée d'animaux); les modillons sont figurés par des têtes ou mascarons, et les métopes par des cygnes et d'autres oiseaux qui tiennent des couronnes suspendues sur un pavillon ou sur une coquille; le portique quadrilatère forme le milieu de la décoration; il est flanqué de deux autres de forme triangulaire, égaux entre eux. Tous les trois sont couronnés d'une espèce de pavillon, et reposent sur un soubassement propre à chacun d'eux : les chapiteaux désignent l'ordre ionique; mais les colonnes effilées n'ont point de base comme dans le dorique. A quelque distance des portiques, on en voit naître un quatrième, dont on distingue seulement une colonne et un contre-pilastre sur une base isolée des premières; l'intervalle entre ces deux suites

est occupé par une espèce de dais décoré inté-
rieurement de caissons, et sur le front, d'une frise
et d'un tableau représentant une biche marine.
Sous le dais se voit un panier sacré ressemblant à
ceux des *Canephores,* avec ses anses et son couvercle.
Ce panier est suspendu par une guirlande qui
s'attache au pavillon principal en traversant les
colonnes avec élégance, et dont le second feston
paraît devoir aller joindre une partie semblable au
côté visible.

Hauteur, 3 P. — Largeur, 4 P. 9 p.° 6 lig.

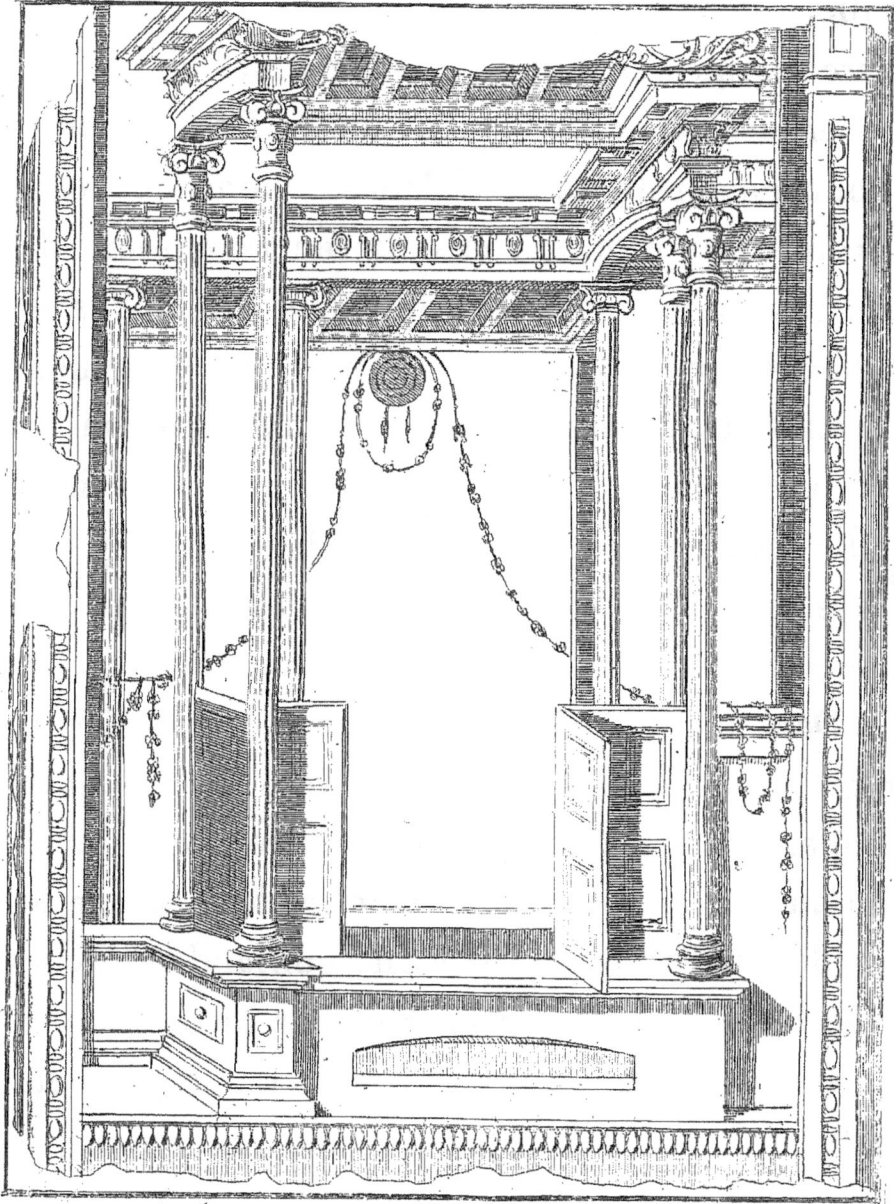

Au premier aspect, ce portique promet un édifice régulier; mais, avec quelque attention, on y découvre les mêmes défauts et les mêmes bizarreries que dans les décorations précédentes. Les colonnes, toujours en forme de candelâbres, paraissent tenir à l'ordre composite, si l'on se borne à considérer le chapiteau, sa forme et sa proportion. Les bases sont attiques et reposent sur un socle ou soubassement orné en partie comme un piédestal avec une grande ouverture horizontale dans le milieu. Le portique semble fermé par une enceinte à hauteur d'appui, dans le genre de ceux qu'on appelait chez les anciens *plutei*; ils étaient ordinairement de marbre ou de bois. Dans le fond, on voit un autre portique d'ordre ionique dont la corniche, ornée de triglyphes et de métopes, quoique d'un goût bizarre, tient beaucoup au dorique. Toute la colonnade, comme les précédentes, est réunie par une guirlande qui couronne un *tympanum* ou un bouclier qu'on suspendait aux portes des temples; cette remarque peut conduire à penser qu'on a voulu figurer ici le *pronaos* ou le vestibule d'un temple.

Hauteur, 4 P. 1 p.° — Largeur, 3 P.

Tome I. Peint.

pal. uno ——————— Rom

CETTE planche présente deux fragmens de peintures différentes. La première semble offrir le vestibule d'un grand palais. La colonne en avant de la perspective, décorée d'ornemens bizarres, peut faire supposer un autre édifice isolé. Les deux colonnes sur la droite du tableau et l'espèce de therme ou de cariatide, placée à l'angle saillant, indiquent des parties correspondantes qui concourent à soutenir la frise et la corniche d'une grande richesse; à travers la porte, on découvre une colonnade ionique qui donne l'idée d'un portique ou d'une cour (*peristylium*). La disposition des parties et la dégradation des teintes dans ce tableau curieux, prouvent bien, contre une opinion hasardée, la connaissance que les anciens avaient de la perspective et de ses effets.

L'autre peinture, très-intéressante, semble offrir trois parties distinctes et réunies par le seul caprice du décorateur; l'édifice semble indiquer le *pronaos* d'un temple qu'on peut supposer de Bacchus, à cause de la statue de panthère, placée au pied d'une colonne. On peut reconnaître le nombre

impair des gradins, exigé par Vitruve (III, 3);
le *pluteus* et la porte bien singulière, divisée en
trois parties ou battans ; il n'y a de véritable que
celui du milieu, les deux autres étant dormans ;
aussi l'escalier n'a-t-il la largeur que de la seule
partie qui s'ouvre.

Hauteur, 8 p.° 3 lig. — Largeur, 1 P. 1 p.° 6 lig.

pal due ———————————————— Rom.

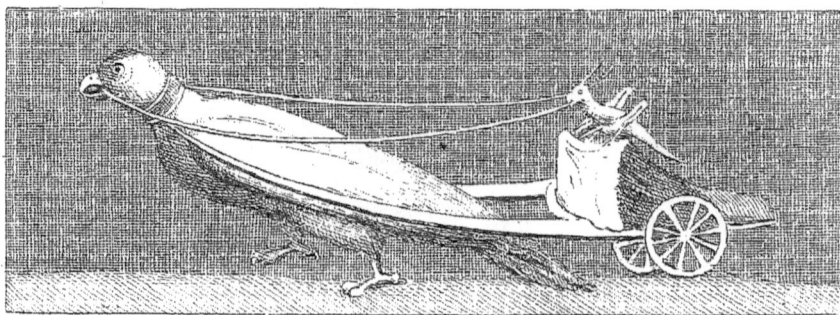

PLANCHE XLIII.

On ne peut considérer, sans plaisir, cette peinture singulière. Sur un portique d'ordre ionique, dont on ne voit que les chapiteaux avec la corniche et la frise ornée de dauphins et de tritons, s'élève un édifice construit en bois. Le chapiteau tient du corinthien; la corniche, le frontispice et le toît ont quelque chose de fantasque et d'agréable. Sur le flanc, se détache un morceau de travail semblable, consistant en deux pilastres qui descendent jusqu'en bas de l'édifice inférieur, et dont l'entablement porte un beau vase à deux anses et à col rétréci. On pourrait penser que cet édifice représente un *cœnaculum*, ou une espèce de belveder sur la plate-forme d'une maison de plaisance. (*Voy.* VITRUVE, *lib. II, cap.* 8). Les arbres qui l'environnent et dont on ne voit que les sommités, confirment cette opinion.

On admirera dans la seconde peinture (*pl.* 47 *de l'édition royale*) l'imagination et le caprice ingénieux de l'artiste. Il a représenté d'une manière très-gracieuse, un perroquet attelé à un petit char et guidé par un grillon qui tient les rênes entre ses

Tome I. PEINT.

dents; on trouve des pierres gravées avec de sem-
blables fantaisies qui pourraient bien renfermer
quelques allusions satiriques à des noms propres,
ou bien à des anecdotes relatives à l'époque où
vivait l'artiste.

1.ᵉʳ Sujet. — Hauteur, 3 P. 4 p.º — Largeur, 3 P. 6 p.º 6 lig.
2.ᵉ Sujet. — Hauteur, 1 P. 2 p.º — Largeur, 3 P. 6 p.º

pal. due ============ Rom.

pal. due ============ P. om.

PLANCHE XLIV.

La première peinture paraît offrir un vestibule ; le caprice y règne comme dans les précédentes, et n'exclut pas un certain agrément. Les colonnes à chapiteaux ioniques, mais sans bases, portent la couverture et une corniche que l'ornement presque en triglyphe et les modillons rapprochent du dorique. La lionne ou panthère, le disque d'argent auquel sont suspendus des festons entrelacés de rubans rouges, le tableau au-dessus de l'édifice représentant une marine, sont des ornemens disposés pour la grâce et l'effet pittoresque.

Dans le premier tableau (*pl. 5o de l'édit. royale*) qui est au-dessous, on voit *Osiris* ou quelqu'un de ses prêtres avec un masque à tête d'épervier, surmontée de la fleur mystérieuse du *lotus;* il porte une lance (*hasta*); vis-à-vis est un prêtre d'*Isis* avec une longue barbe et tenant en main un serpent; ce symbole, bien connu d'Isis, a rapport à la faculté de guérir, attribuée à cette divinité universelle; au milieu est un autel avec le vase de l'eau du Nil, autre emblême propre à la même déesse.

La peinture qui fait pendant représente aussi *Osiris* et *Isis*. Le premier a une longue barbe; chacune de ces divinités porte une lance, et de l'autre main quelque chose de difficile à distinguer, probablement le *tau* ou la clef des digues, symbole du débordement annuel du Nil qu'on croyait dû à Isis et à Osiris; au milieu on voit une table sur laquelle est un oiseau qui semble s'élancer vers Isis; cet oiseau peut rappeler les fables égyptiennes qui faisaient mention de la métamorphose d'Isis en hirondelle; les vêtemens réticulaires sont les mêmes que ces divinités portent sur la table isiaque ou dans d'autres monumens.

1.er SUJET. — Hauteur, 2 P. 2 lig. — Largeur, 2 P. 9 lig.
2.e et 3.e SUJETS. — Hauteur, 1 P. — Largeur, 1 P. 2 lig.

pal. quil. ======================= P.om.

PLANCHE XLV.

Le premier tableau représente un combat entre deux vaisseaux de guerre; un autre, chargé de gens armés, paraît s'éloigner, tandis qu'un quatrième, brisé contre un rocher et dévoré par les flammes, est prêt à disparaître, et ne montre plus que des débris. Parmi les flammes et les flots on distingue une femme; on en reconnaît d'autres sur le troisième vaisseau, ce qui n'a rien d'extraordinaire, puisqu'elles étaient reçues sur les vaisseaux de guerre. Dans la petite île s'élève une chapelle (*Sacellum*) avec une statue de Neptune; près de là est un guerrier, le casque en tête et armé d'une pique. Il paraît que ces vaisseaux sont des *birêmes;* on y distingue facilement les deux rangs de rames; le premier est évident, le second est visible aussi vers le bout des vaisseaux, où l'on aperçoit les rames dans leur largeur: on voit ici clairement que les rames ne composent pas un seul rang. Les boucliers suspendus aux vaisseaux étaient un ornement ordinaire de la marine militaire. La tour qui domine sur l'un des vaisseaux peut indiquer le vaisseau *Prétorien*, c'est-à-dire, celui que montait le commandant. Dans l'autre tableau sont peintes différentes espèces de poissons.

Chaque Sujet. — Hauteur, 1 P. 3 p.° 6 lig. — Largeur, 9 p.°

Tome I. Peint.

pal. duc ———————————————— *Rom.*

PLANCHE XLVI.

La variété des objets donne au premier de ces deux paysages beaucoup d'intérêt. Sur le rivage est un édifice, avec des arbres d'un côté, et de l'autre un pilastre qu'on pourrait prendre pour un phare, s'il avait plus de corps et de solidité. En mer sont quatre vaisseaux chargés d'équipages et de soldats. Trois ont sur les flancs une espèce de parapet sur lequel sont suspendus des boucliers; le quatrième est décoré d'une balustrade ; le rameau de laurier planté sur la poupe indique vraisemblablement quelque victoire. Des figures humaines en forme de mascarons ornent les proues. L'autre rive offre un paysage agréable, orné de collines, de plaines, et de fabriques. Celle qui se fait remarquer par une longue colonnade pourrait être un *prætorium* ou château.

La seconde peinture (*pl.* 50 *de l'édition royale*) représente un édifice champêtre sur le bord du Nil. L'Egypte est évidemment indiquée par le crocodile et l'hippopotame, ainsi que par l'oie qui se rencontre fréquemment dans la table isiaque et dans les autres monumens égyptiens.

1.er Sujet. — Hauteur, 1 P. 11 p.° — Largeur, 4 P.
2.e Sujet. — Hauteur, 1 P. 2 p.° — Largeur, 3 P. 4 p.°

pal due ———————————— *Rom*

PLANCHE XLVII.

On a réuni ici les deux arbres avec les bandes qui occupent deux planches dans l'*édition royale* (*pl.* 48 *et* 49); au-dessus de chaque arbre est suspendu un bouclier d'or avec une tête de Méduse; du pied de l'un des chênes s'élève une Dryade armée d'une coignée, comme attribut de la nymphe gardienne de la forêt.

Le premier des petits tableaux qui sont au-dessous représente un petit temple égyptien auquel on arrive par cinq degrés. La porte est ornée d'un feston; on voit un buste dans la frise de l'architrave, et sur le faîte un serpent de bronze désignant peut-être le serpent d'Isis. Les degrés sont flanqués de deux bases longues sur lesquelles sont deux crocodiles également de bronze; à gauche du temple, dans une niche très-élevée, est une Idole égyptienne; l'édifice qui fait suite paraît tenir au temple; et sur le cordon qui règne autour, siège Anubis en forme de chien, comme pour veiller à sa garde (*latrator Anubis*). On remarque différens personnages et un groupe plein de naïveté; c'est un paysan conduisant un âne chargé de bouteilles, comme l'atteste la transparence de la liqueur rouge qu'elles contiennent, et qui s'efforce, en tirant l'animal par la queue, de le sauver de la gueule du crocodile.

L'autre peinture n'est pas moins intéressante ; c'est une vue du Nil avec différens édifices, des tours et une espèce de moulin près d'une grande maison de campagne ; sur le devant on remarque une conserve pour les eaux, défendue par une enceinte de palissades ; au-dehors, une machine curieuse pour puiser de l'eau, et dont un homme, assis sous une grande tente, fait usage ; plus loin, on voit un homme portant une lance et un bouclier, qui attaque un crocodile.

1.er et 2.e SUJETS. — Hauteur, 3 P. — Largeur, 1 P. 8 p.°
3.e et 4.e SUJETS. — Hauteur, 1 P. 2 p.° — Larg. 3 P. 4 p.°

pal. uno   Rom.

PLANCHE XLVIII.

Cette planche réunit quatre morceaux servant d'ornemens dans l'édition royale, aux pages ci-après citées. Le premier rond (*pag.* 174) offre un paysage avec deux colonnes de front qui soutiennent un architrave faisant ruines. Dans l'autre rond (*p.* 251) sur une base élevée, on voit une statue qui pourrait être une *Leucothée;* en mer est un vaisseau, et dans le lointain une maison de plaisance. Le troisième de forme longue (*pag.* 151) représente une maison de campagne magnifique, avec plusieurs personnages ; sur une base s'élève une statue de *Neptune.* Dans le quatrième (*page* 143) on voit une tour quarrée avec des fenêtres ; un édifice somptueux soutenu dans l'eau sur des arcades; à l'horizon, d'autres fabriques, parmi lesquelles on distingue une pyramide qui pourrait être un tombeau. On remarque dans cette peinture les deux figures portant des culottes, pièce de vêtement qu'on n'avait pas vu paraître jusqu'ici sur des monumens d'une date aussi ancienne, qui répond au règne de Titus, ou même qui le devance. La colonne Trajane en offre d'autres exemples ; cependant, les auteurs

Tome I. Peint.

de l'âge d'Auguste font déjà mention des *campes-tria,* espèce de culottes, et ils en supposent l'usage bien plus ancien.

FIN DU PREMIER VOLUME.

www.ingramcontent.com/pod-product-compliance
Lightning Source LLC
Chambersburg PA
CBHW052115090426
42741CB00009B/1816